LAS TORTUGAS LAÚD

UNA HISTORIA DE MIGRACIÓN

amicus LEARNING

por Lisa Amstutz ▪ arte por Howard Gray

AMICUS ILLUSTRATED es una publicación
de Amicus Learning, un sello de Amcius
P.O. Box 227, Mankato, MN 56002
www.amicuspublishing.us

Editor: Alissa Thielges
Diseñadora de la serie: Kim Pfeffer
Diseñadora del libro: Emily Dietz

Cataloging-in-Publication data is available from the Library of Congress

Library Binding ISBN: 9798892006484
Paperback ISBN: 9798892007085
eBook ISBN: 9798892007689

LCCN: 2024054692

Acerca de la autora
Lisa Amstutz es autora de más de 150 libros infantiles. Antigua educadora al aire libre, es licenciada en biología y ciencias medioambientales. Lisa disfruta aprendiendo cosas divertidas sobre ciencia y compartiéndolas con los niños. Vive en una pequeña granja con su familia.

Acerca del ilustrador
Howard Gray ha ilustrado una selección de libros infantiles de ficción y de no ficción. Siempre se ha considerado un artista, pero con un doctorado en genética de delfines, tiene formación en zoología. Ahora persigue su carrera soñada en la ilustración infantil desde la pintoresca ciudad de Durham (Reino Unido). Más información en www.howardgrayillustrations.com.

¡Mordisco! Una tortuga laúd muerde una medusa. Es su comida favorita. Puede comer cientos cada día. Su hogar cerca de California es rico en presas. La tortuga debe acumular energía. Tiene un largo viaje por delante. Emigrará a través del océano Pacífico para poner sus huevos.

Es otoño y los días se acortan. Es hora de va a Indonesia. El viaje de la tortuga puede cubrir 10.000 millas (16.000 kilómetros).

La tortuga sigue nadando. Su caparazón tiene forma de lágrima.
Se desliza por el agua. Unas fuertes aletas la empujan.

El viaje es largo. Por suerte, esta tortuga es demasiado grande para que se la coman la mayoría de los depredadores. Una tortuga laúd puede alcanzar los 8 pies (2,4 metros) de longitud y pesar 2.000 libras (907 kilograms). Pero un tiburón tigre o una orca podrían atacarla. Mantente alejado.

La tortuga marina sigue nadando. Sale a la superficie cada pocos minutos para respirar. Puede sumergirse hasta 4.000 pies (1.200 metros) de profundidad. Puede permanecer bajo el agua 85 minutos cuando está descansando.

¿Eso es comida? ¡No! Es una bolsa de plástico flotante. Pero parece una medusa. Muchas tortugas marinas comen estas bolsas por error. Esto puede matarlas.

Estamos en julio. La tortuga está cerca de la playa donde nació en Indonesia. Es casi el momento de anidar. Pero primero debe encontrar pareja. Pronto se acerca un macho.

Cuando sale la luna, la tortuga llega a la orilla. Cabalga una ola hasta la arena.

La tortuga raspa un agujero en la arena con sus aletas. Pone unos 100 huevos. Luego los cubre con arena. Arrastra su cuerpo pesado de vuelta al mar. Pero se queda cerca de la orilla.

Después de 10 días, hace otro nido. Lo hará hasta siete veces. A veces, los humanos y las luces la ahuyentan. En septiembre, su trabajo ha terminado. Comienza el viaje de un año a casa. Se alimentará durante varios años antes de regresar.

Bajo la arena húmeda, pequeñas tortugas crecen dentro de sus caparazones. En Indonesia, los cazadores furtivos roban muchos huevos. Los venden para comer. Las comunidades ayudan a proteger los nidos. Limpian las playas e impiden que la gente se lleve los huevos.

Al cabo de unos dos meses, los huevos empiezan a eclosionar. Cada cría mide menos de 2 pulgadas (5 centímetros). Su caparazón es duro y gomoso, como el de su madre. La cría se abre camino a través de 2 pies (61 centímetros) de arena.

La cría sigue la luz de la luna. Las luces de la ciudad pueden confundirla. Los depredadores hambrientos también acechan. Algunos de sus hermanos no sobreviven. Pero la cría se abre camino hacia el mar. Encuentra una gran mancha de algas. Vivirá allí hasta que sea más grande. Entonces nadará a una parte más profunda del océano.

Pasarán muchos años hasta que la joven tortuga regrese a la playa donde nació. No pondrá huevos durante 15 y 25 años. Pero un día, si tiene suerte . . .

hará el largo viaje de vuelta a casa.

MIGRACIÓN DE LAS TORTUGAS LAÚD

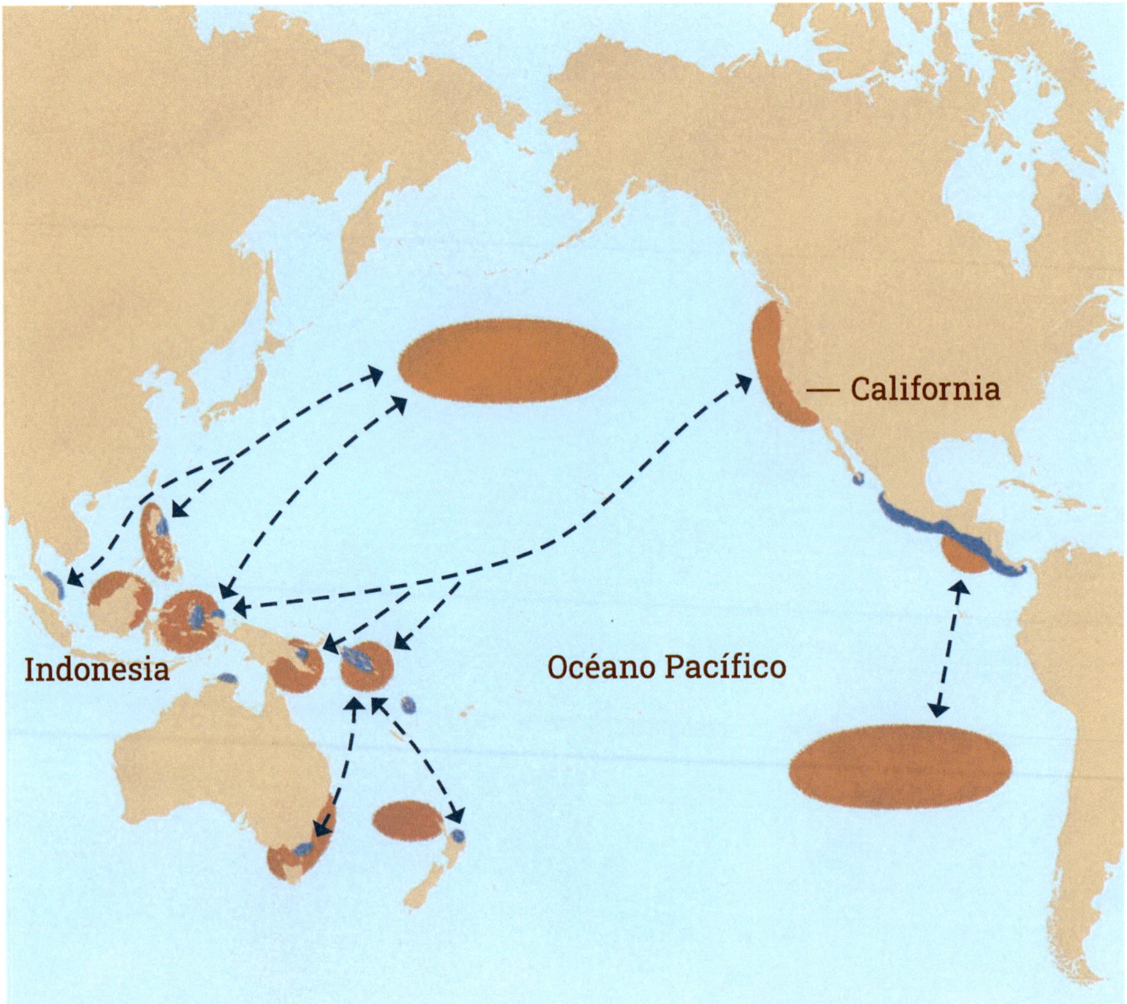

■ Área de reproducción

■ Área de distribución no reproductora

←→ Rutas migratorias

¿EN QUÉ PUEDO AYUDARLE?

Los humanos son el mayor peligro de las tortugas marinas. Muchas tortugas marinas están en peligro de extinción. Tú puedes ayudar protegiendo toda la vida marina.

- Ayuda a mantener limpias las playas. Tira la basura.
- Únete a una limpieza de playas.
- Apaga las luces cerca de la playa. Las luces pueden confundir a las tortugas que anidan y a las crías.
- Mantén el plástico fuera del océano. Recicla las bolsas de plástico. Mejor aún, elige las reutilizables.
- ¡Ayuda a correr la voz!

Glosario

algas Plantas simples sin hojas ni tallos que crecen en el agua o cerca de ella.

cazador furtivo Persona que caza o captura animales ilegalmente.

cría Animal joven que acaba de salir del huevo.

depredador Animal que se come a otros animales.

migrar Desplazarse de un lugar a otro para reproducirse o encontrar alimento.

pareja El compañero masculino o femenino de una pareja de animales.

presa Animal cazado o matado para alimentarse.